This workbook belongs to:

_____

- -

_____

A B C D E F G H I J K L M N O P Q R S T U V W X Y Z

a b c d e f g h i j k l m n o p q r s t u v w x y z

is for **apple**

Franklin always has an **a**mazing Halloween costume!
He's **a**t **a** party, and they're **a**bout to bob for **a**pples.
Drawing a line with your pencil, follow the letters **A** and **a** to lead Franklin to the **a**pple tub.

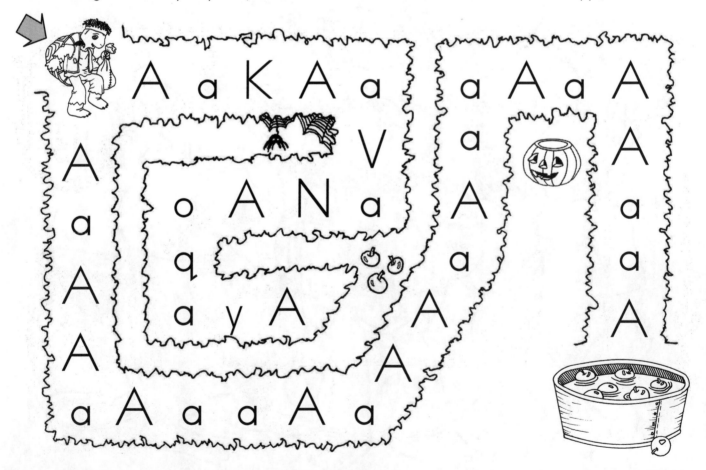

✔ recognize uppercase A and lowercase a
✔ learn the sound of initial short vowel Aa
✔ locate the letter A (or a) in the alphabet sequence

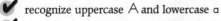

2

Kids Can Learn with Franklin – *Alphabet Mazes*

Bb

is for **Bear**

Franklin is **b**ringing **B**ear the **b**ook he asked to **b**orrow. **B**ear's house isn't far —
it's just across the **b**ridge and through the **b**erry patch!
Drawing a line with your pencil, follow the letters **B** and **b** to lead Franklin to **B**ear's house.

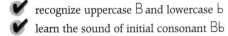

✔ recognize uppercase B and lowercase b
✔ learn the sound of initial consonant Bb
✔ locate the letter B (or b) in the alphabet sequence

A B **C** D E F G H I J K L M N O P Q R S T U V W X Y Z

a b **c** d e f g h i j k l m n o p q r s t u v w x y z

Cc

is for **cookies**

Franklin is **c**arrying **c**run**c**hy **c**ookies to his new friend Moose.
Drawing a line with your pencil, follow the letters C and c to help Franklin **c**arry the **c**ookies to him.

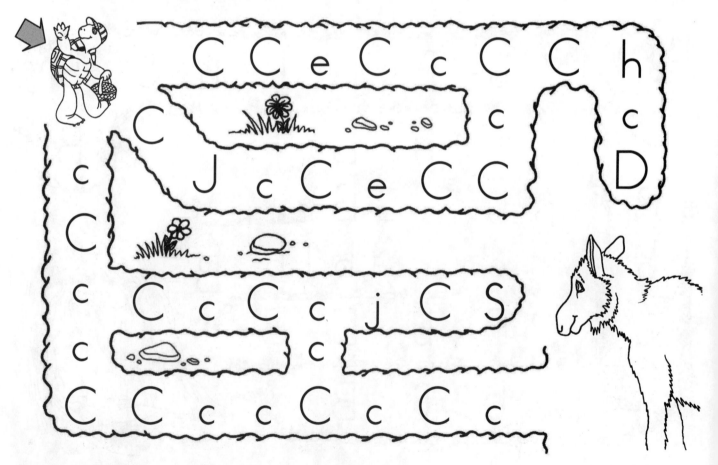

4

A B C **D** E F G H I J K L M N O P Q R S T U V W X Y Z
a b c **d** e f g h i j k l m n o p q r s t u v w x y z

Dd

is for **dinosaur**

Franklin's **d**ad told him that there is a **d**inosaur on **d**isplay at the museum.
Drawing a line with your pencil, follow the letters D and **d** to lead Franklin to the **d**inosaur.

✔ recognize uppercase D and lowercase d
✔ learn the sound of initial consonant Dd
✔ locate the letter D (or d) in the alphabet sequence

Kids Can Learn with Franklin – *Alphabet Mazes*

Ee

is for **eggs**

Franklin's mom bakes something special **e**very day! Today she needs more **e**ggs to make fly pie. Drawing a line with your pencil, follow the letters **E** and **e** to help Franklin bring the **e**ggs to her.

- recognize uppercase E and lowercase e
- learn the sound of initial short vowel Ee
- locate the letter E (or e) in the alphabet sequence

™ Kids Can Press
© Context*x* Inc. & Brenda Clark Illustrator Inc.
All rights reserved.

Kids Can Learn with Franklin – *Alphabet Mazes*

A B C D E **F** G H I J K L M N O P Q R S T U V W X Y Z

a b c d e **f** g h i j k l m n o p q r s t u v w x y z

Ff

is for **Fox**

Franklin is on his way to **F**ox's den. The two **f**riends always **f**ind lots of **f**un things to do! Drawing a line with your pencil, **f**ollow the letters **F** and **f** to lead Franklin to **F**ox's den.

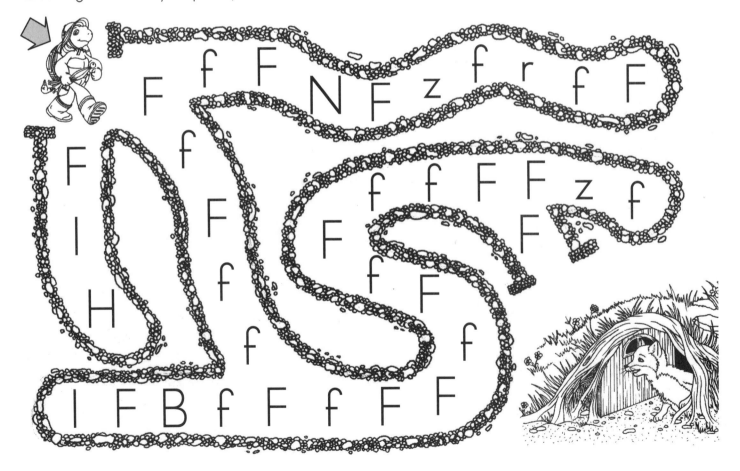

✔ recognize uppercase F and lowercase f
✔ learn the sound of initial consonant Ff
✔ locate the letter F (or f) in the alphabet sequence

7

Kids Can Learn with Franklin – *Alphabet Mazes*

A B C D E F **G** H I J K L M N O P Q R S T U V W X Y Z
a b c d e f **g** h i j k l m n o p q r s t u v w x y z

is for **Goose**

Goose is the **g**oalie on Franklin's soccer team — she's very **g**ood!
Today the team is working on kicking drills. Franklin is **g**oing to try to score a **g**oal.
Drawing a line with your pencil, follow the letters G and **g** to help Franklin **g**et the ball to Goose.

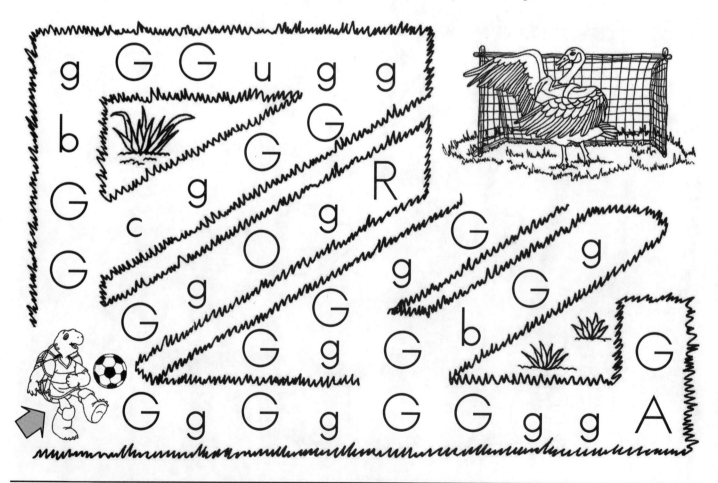

✔ recognize uppercase G and lowercase g
✔ learn the sound of initial consonant Gg
✔ locate the letter G (or g) in the alphabet sequence

A B C D E F G **H** I J K L M N O P Q R S T U V W X Y Z
a b c d e f g **h** i j k l m n o p q r s t u v w x y z

Hh
is for **Harriet**

Oh, no! Harriet **h**as fallen at the bottom of the slide. She needs **h**elp — and a big **h**ug!
Drawing a line with your pencil, follow the letters **H** and **h** to **h**elp Franklin get to Harriet.

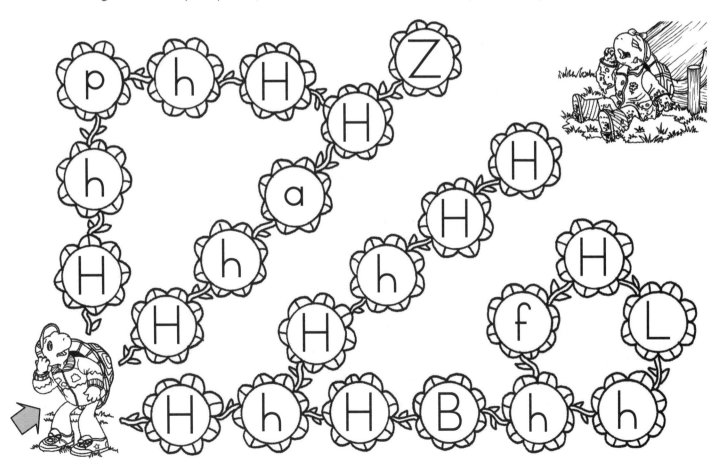

9

I i

is for **instruments**

Isn't Squirrel lucky? She has a new **i**nstrument to play at the school concert.
Drawing a line with your pencil, follow the letters **I** and **i** to help her take
her **i**nstrument to join the band.

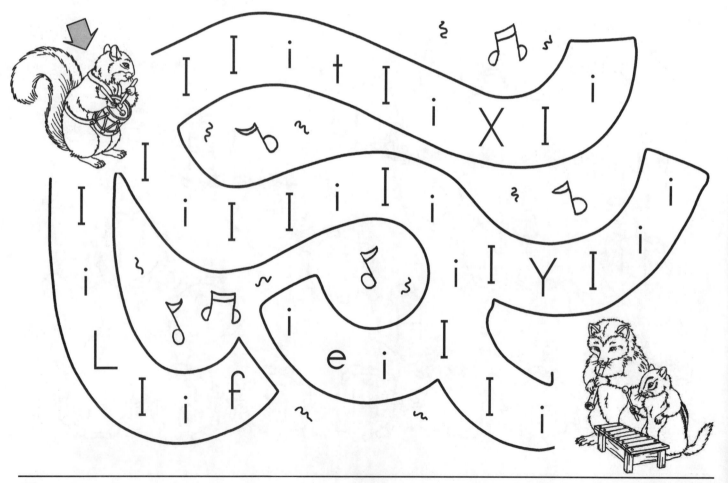

 recognize uppercase I and lowercase i
 learn the sound of initial short vowel Ii
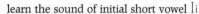 locate the letter I (or i) in the alphabet sequence

A B C D E F G H I **J** K L M N O P Q R S T U V W X Y Z
a b c d e f g h i **j** k l m n o p q r s t u v w x y z

Jj

is for **jar**

Franklin and his mom have just made lots of jars of jam and jelly.
Drawing a line with your pencil, follow the letters J and j to help Franklin bring
the last jar to his mom.

A B C D E F G H I J **K** L M N O P Q R S T U V W X Y Z

a b c d e f g h i j **k** l m n o p q r s t u v w x y z

K k
is for **kitchen**

Franklin is just in time for dinner! His mom is busy in the kitchen with the kale stew.
Drawing a line with your pencil, follow the letters K and k to lead Franklin to the kitchen.

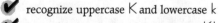 recognize uppercase K and lowercase k

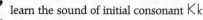 learn the sound of initial consonant Kk

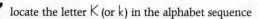 locate the letter K (or k) in the alphabet sequence

Kids Can Learn with Franklin – *Alphabet Mazes*

Ll

is for **leaves**

Look at all the leaves! Harriet is laughing and having lots of fun on the lawn.
Drawing a line with your pencil, follow the letters L and l to help Franklin rake up the leaves.

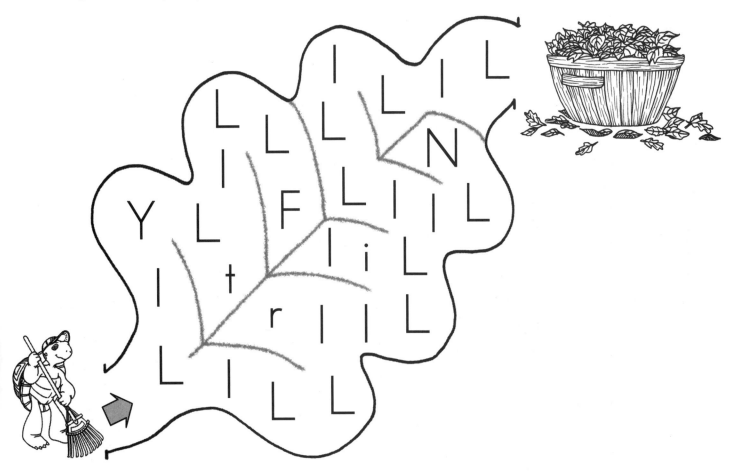

✔ recognize uppercase L and lowercase l
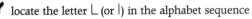
✔ learn the sound of initial consonant Ll
✔ locate the letter L (or l) in the alphabet sequence

A B C D E F G H I J K L **M** N O P Q R S T U V W X Y Z

a b c d e f g h i j k l **m** n o p q r s t u v w x y z

Mm

is for **mouse**

Mr. Mouse has **m**arvelous **m**anners! He is bringing flowers and chocolate **m**ints for **M**rs. **M**ouse. Drawing a line with your pencil, follow the letters **M** and **m** to help **M**r. **M**ouse deliver them.

A B C D E F G H I J K L M **N** O P Q R S T U V W X Y Z

a b c d e f g h i j k l m **n** o p q r s t u v w x y z

Nn

is for **nest**

Mother bird **n**eeds to get back to her **n**eat little **n**est.

Drawing a line with your pencil, follow the letters **N** and **n** to lead her back to the **n**est.

✔ recognize uppercase N and lowercase n

✔ learn the sound of initial consonant Nn

✔ locate the letter N (or n) in the alphabet sequence

15

™ Kids Can Press

© Contextx Inc. & Brenda Clark Illustrator Inc.

All rights reserved.

Kids Can Learn with Franklin – *Alphabet Mazes*

A B C D E F G H I J K L M N O P Q R S T U V W X Y Z
a b c d e f g h i j k l m n o p q r s t u v w x y z

is for **Otter**

Otter and Franklin **o**ften play hide-and-seek. Otter is good at hiding!
Drawing a line with your pencil, follow the letters O and **o** to help Franklin find Otter.

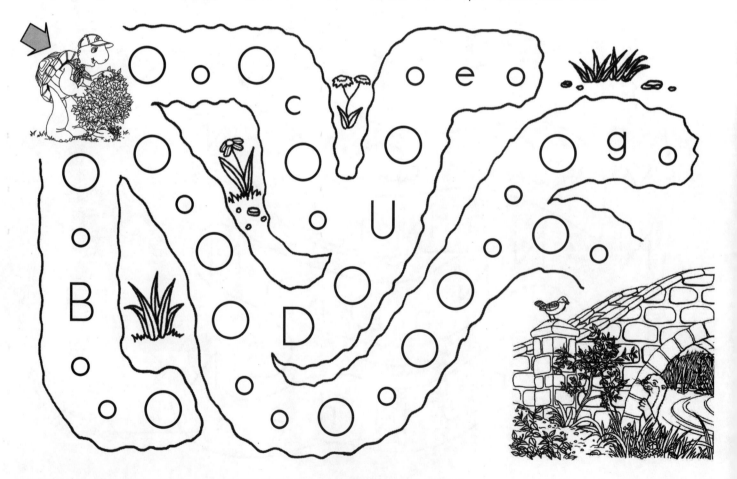

16

BEAVER

Category: Franklin's Friends

Beaver is very clever. She reads a lot and tries hard to be good at everything. Beaver can be a bit bossy sometimes, but she knows how to be fair, too. She loves to dance, and she plays on Franklin's soccer team. When she and Franklin do kicking drills, Beaver uses her tail — she's very talented!

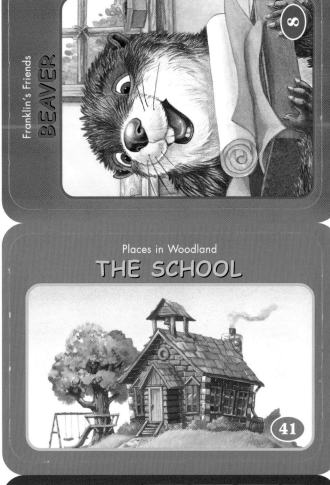

THE SCHOOL

Category: Places in Woodland

Franklin was nervous on his first day of school, but it didn't take him long to get over his jitters — school is a fun place to learn all kinds of new things! Franklin loves to work on projects, like the plant project his class did in the spring. But it's the special events that Mr. Owl plans, like the Valentine's Day party, that Franklin likes best of all! The school is far from Franklin's house, so he takes the bus every day with his friends.

COSTUMED MICE

Category: Busy Mice

It's Halloween, and everyone is out trick-or-treating — including the mice! The mice are always busy at work and play in the Franklin stories. Have you noticed them? If you can't spot the mice in the background, be sure to look for their houses. Look down, way down, at tree trunks and stumps for a tiny door or teeny windows!

FRANKLIN'S MOM

Category: Franklin's Family

Franklin thinks he has the best mother in the whole world. She plays catch with him even when she's busy. And she taught Franklin how to ride a bike without training wheels. His mother is always there to help. She's also a wonderful baker — Franklin loves her fly pie and bug-leaf cookies!

#8

#41

#88

#1

How many Franklin collector cards do you have?

Each workbook features 4 different cards! Build your very own set — there are lots of fun categories to collect!

Read Franklin's stories to find out more about the characters, places and things you've discovered on the collector cards in this workbook.

Get to know Beaver in Franklin Is Bossy

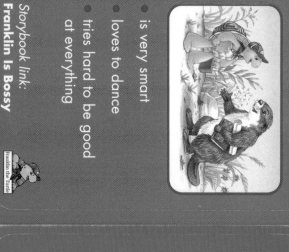

- is very smart
- loves to dance
- tries hard to be good at everything

Storybook link:
Franklin Is Bossy

Visit Franklin's School in in Franklin's Valentines

- is a fun place to learn
- is in another part of Woodland — Franklin and his friends take the bus to get there

Storybook link:
Franklin's Valentines

Find the Costumed Mice in Franklin's Halloween

- are dressed up as a spooky ghost and masked princess
- have fun trick-or-treating, just like Franklin and his friends

Storybook link:
Franklin's Halloween

Meet Franklin's Mom in Franklin Says I Love You

- is always there to help
- likes to play catch with Franklin
- bakes the best turtle treats!

Storybook link:
Franklin Says I Love You

A B C D E F G H I J K L M N O P Q R S T U V W X Y Z

a b c d e f g h i j k l m n o p q r s t u v w x y z

P p

is for **pond**

Franklin wants to join Bear and Rabbit to play in the **p**ond.
Drawing a line with your **p**encil, follow the letters P and **p** to help
Franklin **p**addle to the other side of the **p**ond.

✔ recognize uppercase P and lowercase p
✔ learn the sound of initial consonant Pp
✔ locate the letter P (or p) in the alphabet sequence

17

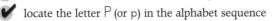

A B C D E F G H I J K L M N O P Q R S T U V W X Y Z

a b c d e f g h i j k l m n o p q r s t u v w x y z

Qq

is for **queen**

Franklin and Beaver like to dress up as kings and **queens**.
Drawing a line with your pencil, follow the letters **Q** and **q** to lead King Franklin to **Queen** Beaver.

A B C D E F G H I J K L M N O P Q **R** S T U V W X Y Z

a b c d e f g h i j k l m n o p q **r** s t u v w x y z

Rr

is for **Rabbit**

Hooray! **R**abbit **r**an ahead to score the winning goal! It's time to **r**eally celeb**r**ate!
D**r**awing a line with your pencil, follow the letters **R** and **r** to help **R**abbit **r**each the **r**est of his team.

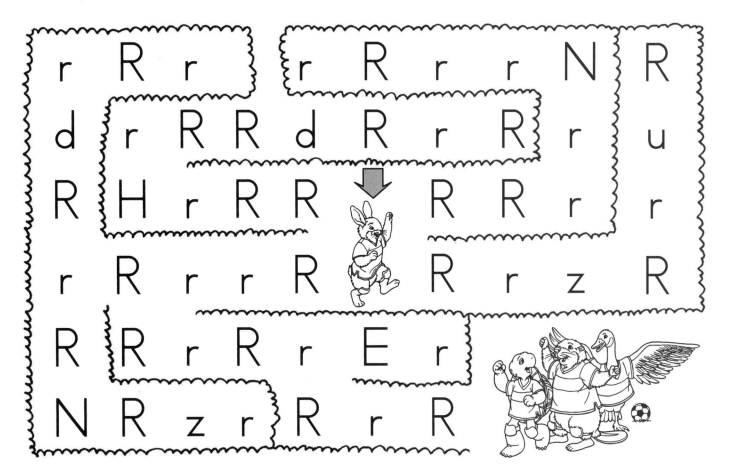

19

A B C D E F G H I J K L M N O P Q R **S** T U V W X Y Z

a b c d e f g h i j k l m n o p q r **s** t u v w x y z

Ss

is for **Snail**

Franklin is **s**etting out to **s**ee **S**nail.

Drawing a line with your pencil, follow the letters **S** and **s** to lead Franklin to **S**nail's **s**mall house.

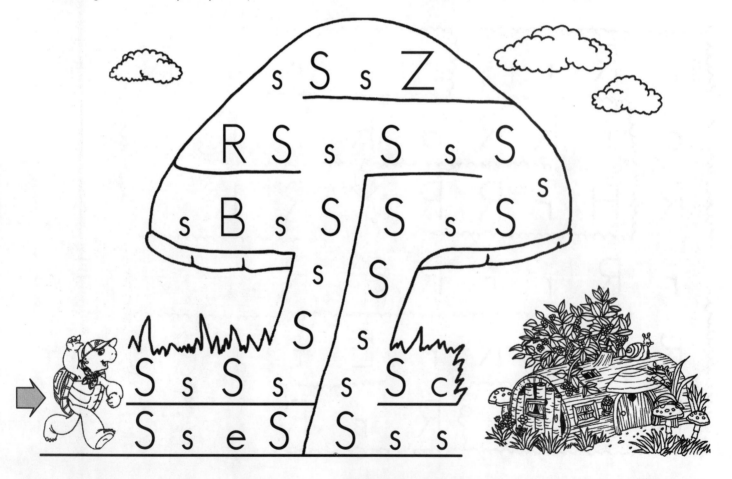

A B C D E F G H I J K L M N O P Q R S **T** U V W X Y Z
a b c d e f g h i j k l m n o p q r s **t** u v w x y z

T t

is for **tree**

Franklin and his friends built a terrific tree house in a tall tree.
Drawing a line with your pencil, follow the letters T and t to lead Franklin to the tree house.

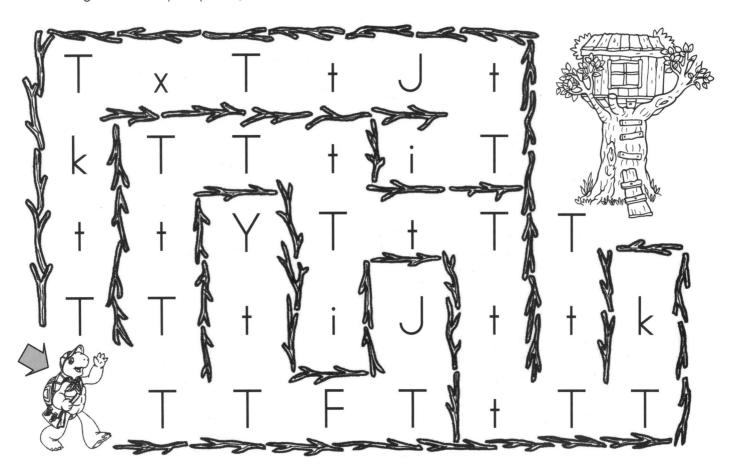

21

Kids Can Learn with Franklin – *Alphabet Mazes*

A B C D E F G H I J K L M N O P Q R S T U V W X Y Z
a b c d e f g h i j k l m n o p q r s t u v w x y z

U u is for **umbrella**

Oh, no! It's raining outside! Franklin needs his **umbrella**.
Drawing a line with your pencil, follow the letters **U** and **u** to lead Franklin to his **umbrella**.

✔ recognize uppercase U and lowercase u
✔ learn the sound of initial short vowel Uu
✔ locate the letter U (or u) in the alphabet sequence

22

™ Kids Can Press
© Contextx Inc. & Brenda Clark Illustrator Inc.
All rights reserved.

Kids Can Learn with Franklin – *Alphabet Mazes*

A B C D E F G H I J K L M N O P Q R S T U **V** W X Y Z

a b c d e f g h i j k l m n o p q r s t u **v** w x y z

Vv

is for **valentine**

Franklin made a **v**ery special **v**alentine for Snail.
Drawing a line with your pencil, follow the letters **V** and **v** to help Franklin
take the **v**alentine to Snail's basket.

23

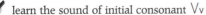

A B C D E F G H I J K L M N O P Q R S T U V **W** X Y Z

a b c d e f g h i j k l m n o p q r s t u v **w** x y z

Ww

is for **wood**

Franklin has gathered some **w**ood in his **w**agon to make a campfire.
Drawing a line with your pencil, follow the letters **W** and **w** to help Franklin take the **w**ood to his dad.

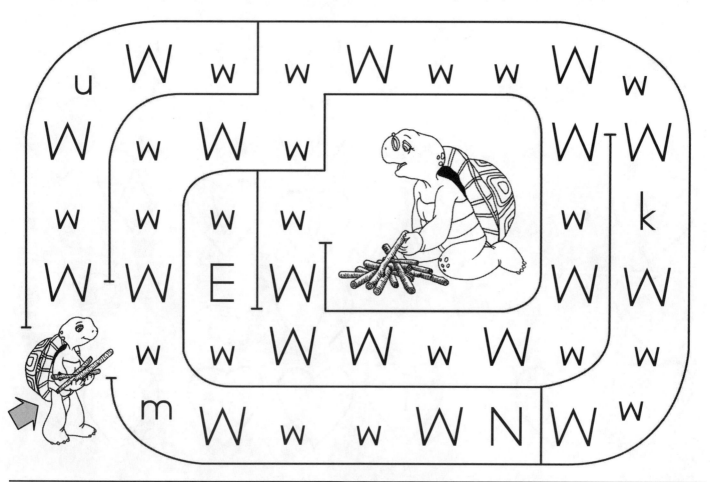

A B C D E F G H I J K L M N O P Q R S T U V W X Y Z

a b c d e f g h i j k l m n o p q r s t u v w x y z

X x

is for **X-ray**

Doctor Bear needs to take an **X**-ray of Franklin.
Drawing a line with your pencil, follow the letters **X** and **x** to lead Franklin to the **X**-ray machine.

A B C D E F G H I J K L M N O P Q R S T U V W X **Y** Z

a b c d e f g h i j k l m n o p q r s t u v w x **y** z

Y y

is for **yard**

Yahoo! Franklin and Bear are camping out in the yard tonight!
Drawing a line with your pencil, follow the letters Y and y to lead Bear to the tent in the yard.

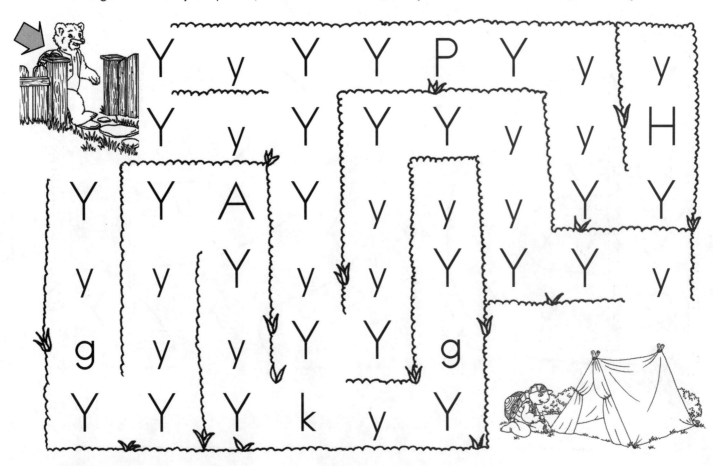

A B C D E F G H I J K L M N O P Q R S T U V W X Y **Z**

a b c d e f g h i j k l m n o p q r s t u v w x y **z**

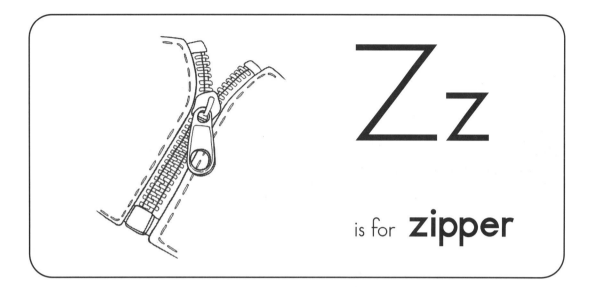

is for **zipper**

Franklin is having a hard time **zi**pping the **zi**pper on his jacket.
Drawing a line with your pencil, follow the letters **Z** and **z** to lead Franklin
to his mother so that she can help him with his **zi**pper.

✔ recognize uppercase Z and lowercase z
✔ learn the sound of initial consonant Zz
✔ locate the letter Z (or z) in the alphabet sequence

27

Franklin Is Lost!

Uh-oh! Franklin went into the woods alone and now he's lost.
Drawing a line with your pencil, follow the alphabet from A to Z to help him get home.

F C D E S

A B Y F G

A M L K J I H

U N O P E B X

Q R G L

S T U

Z Y X W V

28

recite the complete alphabet in sequence

Kids Can Learn with Franklin – *Alphabet Mazes*

Turtle Alphabet

A
B ___

C ___
D ___
E ___
F ___

G ___
H ___
I ___
J ___

K ___
L ___
M ___
N ___

O ___
P ___
Q ___
R ___

S ___
T ___
U ___
V ___

W ___
X ___
Y ___
Z

Have an adult help you cut out the lowercase letters below.
Then paste each lowercase letter beside its uppercase partner.

b	o	e	s	l	h	u	w	n
r	d	p	j	t	f	i	x	a
g	q	y	k	c	z	m	v	

Kids Can Learn with Franklin – Alphabet Mazes

✔ match uppercase letters to their lowercase partners

This page has been left blank for the
cutout activity that appears on the previous page.

Franklin's Friends

Draw a line between each friend and the letter that makes the sound at the beginning of his or her name.

R

G

O

B

F

S

_____

‑ ‑ ‑ ‑ ‑ ‑ ‑ ‑ ‑ ‑ ‑ ‑ ‑ ‑ ‑ ‑ ‑ ‑

_____

name

knows the alphabet!

Great work!

_____

signature

_____

date